Sitzungsberichte
der Akademie der Wissenschaften
der DDR
Mathematik – Naturwissenschaften – Technik

1 N
1980

Wolfgang Bobeth

Zur Quantifizierung des Gebrauchswertes, dargestellt am Beispiel textiler Werkstoffe

AKADEMIE-VERLAG · BERLIN

Sitzungsberichte
der Akademie der Wissenschaften
der DDR
Mathematik – Naturwissenschaften – Technik

Jahrgang 1980 · Nr. 1/N

Wolfgang Bobeth

Zur Quantifizierung des Gebrauchswertes, dargestellt am Beispiel textiler Werkstoffe

AKADEMIE-VERLAG · BERLIN
1980

Vortrag von Wolfgang Bobeth,
Ordentliches Mitglied der Akademie
der Wissenschaften der DDR, in der
gemeinsamen Sitzung der Klasse Werkstofforschung
und der Arbeitsgruppe Technische Wissenschaften
der AdW der DDR am 7. Juni 1979

Herausgegeben im Auftrage
des Präsidenten der Akademie
der Wissenschaften der DDR
von Vizepräsident Prof. Dr. Heinrich Scheel

Erschienen im Akademie-Verlag, 1080 Berlin, Leipziger Str. 3–4

Lizenznummer: 202 · 100/56/80
Gesamtherstellung: VEB Druckhaus Köthen
Bestellnummer: 762 842 8 (2010/80/1/N) · LSV 0345
Printed in GDR
DDR 2,– M

Das Beschäftigen mit dem Gebrauchswert von Erzeugnissen ist eine bemerkenswert aktuelle Gegenwartsaufgabe geworden, die mit der Forderung an Wissenschaft und Technik verknüpft ist, einen wesentlichen Beitrag zur bedarfsgerechten Versorgung unserer Bevölkerung zu leisten. Tatsächlich ist festzustellen, daß man sich heute in allen Bereichen der Volkswirtschaft mit dem richtigen Bestimmen der Gebrauchsanforderungen, der Ermittlung der einzelnen Gebrauchseigenschaften und Berechnung einer den Gebrauchswert charakterisierenden Zahl befaßt. Damit verbunden sind Probleme der möglichen Gebrauchswertverbesserungen im Interesse der besseren Bedürfnisbefriedigung unter Berücksichtigung der volkswirtschaftlichen Gegebenheiten. Ferner interessiert der Gebrauchswert von Erzeugnissen bei vielen aktuellen Aufgabenstellungen in Forschung und Praxis, so z. B.

- bei der Durchführung von *Weltstandsvergleichen* zur Beurteilung des qualitativen Niveaus der eigenen Erzeugnisse im Vergleich zu dem realer Spitzenerzeugnisse auf dem Weltmarkt,
- bei der Ausarbeitung von *Vorgaben und Zielstellungen für Forschung und Entwicklung*, ausgehend von einem Vergleich mit einem idealen Spitzenerzeugnis, das in sich die hervorragenden Eigenschaften verschiedener realer Spitzenerzeugnisse vereinigt,
- bei der Durchführung von *Gebrauchswert-Kosten-Analysen* mit dem Ziel, das Verhältnis von Gebrauchswert und Aufwand zur Realisierung der objektiv notwendigen Funktionen des Untersuchungsobjektes durch Erschließen von Rationalisierungsquellen zu verbessern,
- bei der Preisbildung nach dem *Preis-Leistungs-Verhältnis*, durch die die Anstrengungen der Betriebskollektive zur Intensivierung der Produktion und Entwicklung neuer Erzeugnisse mit einem höheren Gebrauchswert als das Vergleichserzeugnis materiell anerkannt werden.

Aktuell wurde die Frage nach den Gebrauchsanforderungen und dem Gebrauchswert von Textilien bereits mit der Produktion und dem Einsatz von Chemiefaserstoffen, weil sich damit grundsätzlich die Möglichkeit ergab, bestimmte Faserstoffeigenschaften zweckorientiert zu gestalten. Aus dieser Zeit liegen grundlegende, auch heute noch beachtenswerte Veröffentlichungen von R. STOLL [1, 2], H. SOMMER [3, 4], W. WELTZIEN [5], H. BÖHRINGER [6] vor, um nur einige Namen bekannter Fachwissenschaftler zu nennen.

In seiner Schrift „Gebrauchswertoptimale Erspinnung von Chemiefaserstoffen" führte H. BÖHRINGER [7] im Jahre 1957 aus: „Zunächst muß festgestellt werden, daß über den Begriff „Gebrauchswert" die Meinungen und Vorstellungen noch sehr auseinandergehen. Mithin müssen auch die Ansichten über eine zweckmäßige Herstellung künstlicher Fasern und Fäden geteilter Art sein." und „Die gebrauchswertoptimale Erspinnung von Chemiefasern ist das in seiner Endkonsequenz noch ungelöste Kernproblem, das die Chemiefaserindustrie der ganzen Welt beschäftigt, das den Faserhersteller von Anfang an bewegte und das auch erst auf weite Sicht einer zufriedenstellenden Lösung entgegengeführt werden kann."

Es ist festzustellen, daß nach nunmehr 20 Jahren Arbeit der verschiedensten Fachleute an verschiedenen Stellen mit unterschiedlichen Zielstellungen zur Gebrauchswertproblematik die Aussagen von BÖHRINGER noch in gleicher Weise gültig sind. Vielerorts steht das Ringen um eine brauchbare Definition des Gebrauchswertbegriffs im Blickfeld der Erörterungen und Veröffentlichungen. Fest steht – und B. F. ZEREWITINOW aus Moskau hat dies kürzlich auf der Wissenschaftlichen Konferenz „Neue Problemstellungen auf dem Gebiete der Warenkunde und ihre Bedeutung für Forschung, Lehre und Praxis" in Leipzig klar ausgesprochen – daß jeder Versuch, den warenkundlichen und den philosophischen Begriff vom Gebrauchswert mit einer Definition erklären zu wollen, fehl schlägt. Das ist wahrscheinlich auch der Grund, warum es heute noch keine eindeutige und verbindliche Definition des Gebrauchswertes in der Literatur gibt, weder im wirtschaftswissenschaftlichen noch im warenkundlichen Sinne [8].

Praktisch wird der *Gebrauchswert* eines Erzeugnisses bestimmt durch das Vorhandensein einer Vielzahl von Eigenschaften, die den Gegenstand für einen vorgesehenen Verwendungszweck nützlich werden lassen, Eigenschaften, die es erlauben, im Gebrauch über einen gewissen Zeitraum bestimmte individuelle oder gesellschaftliche Bedürfnisse zu befriedigen. Solche Eigenschaften bezeichnet man als *Gebrauchseigenschaften.* Wieviel und welche Eigenschaften das sind, ist von Fall zu Fall verschieden. Eindeutig ist lediglich die Tendenz, daß insbesondere bei den Bekleidungstextilien die Zahl der Eigenschaftsforderungen ständig steigt und heute z. B. die Widerstandsfähigkeit gegen Verschleiß nicht mehr die Rolle spielt, wie es in den Kriegs- und Nachkriegsjahren notgedrungen der Fall war; heute nehmen bei der Beurteilung von Bekleidungserzeugnissen die Repräsentations- und Trageeigenschaften die vordersten Plätze bezüglich der Wichtigkeit ein. Der Formgestalter „muß das physische und psychische Empfinden des Anwenders beurteilen und daraus die Anforderungen an das Produkt ableiten. Funktionieren muß" – um mit den Worten von Staatssekretär KELM [9] zu sprechen – „auch Spaß machen: Spaß beim Anschauen, beim Aussuchen, beim Kauf, beim Benutzen". Bedarfsgerechtes Angebot erfordert daher speziell bei textilen Erzeugnissen Vielseitigkeit und Originalität in der Formgestaltung, in den verarbeiteten Materialarten und Materialkombinationen bei unterschiedlichen Genres und Preisstufen.

Das Zusammenfassen aller dieser Informationen über die einzelnen Gebrauchseigenschaften zu einer einzigen, den Gebrauchswert charakterisierenden Zahl ist für vergleichende ökonomische Aussagen und Schlußfolgerungen offensichtlich notwendig; zumindest ist dies eine Jahrzehnte alte Forderung der Ökonomen an die Prüfer, die heute deutlicher und unerbittlicher denn je vorgetragen wird. Für Naturwissenschaftler und Techniker ist dagegen die *eine* Zahl für den Gebrauchswert eines Produktes wertlos, weil sie eine komplexe Aussage enthält und detaillierte Schlußfolgerungen und Entscheidungen nicht zuläßt.

Bei der Gebrauchswertermittlung ist natürlich der Grad der Erfüllung der gesellschaftlichen Bedürfnisse unter Beachtung der Wichtigkeit der betreffenden Gebrauchseigenschaft für den Gebrauchswert zu beachten [10]. Problematisch wird diese Aufgabe durch eine Tatsache, die bereits FRIEDRICH ENGELS [11] ansprach, nämlich dadurch, daß die „Brauchbarkeit einer Sache... etwas rein Subjektives, gar nicht absolut zu Entscheidendes" ist. Die verschiedenen Verwendungsmöglichkeiten und Anwendungsbedingungen beispielsweise für ein textiles Flächengebilde führen dazu, daß man dem einzelnen Erzeugnis keinen absoluten, sondern nur einen spezifischen, vom Verwendungszweck abhängigen Gebrauchswert [12] zuordnen kann. Jede Arbeitsgruppe, die sich mit der Gebrauchswertquantifizierung befaßt, kann aber nur einen verallgemeinerten Anwendungsfall sehen, gewissermaßen einen Durchschnittsverbraucher betrachten, während sich die tatsächlichen Gebrauchsanforderungen nach national-ästhetischen Gesichtspunkten, Alter, Geschlecht, Grad der Arbeitsteilung, sozialer Lage, Verhältnis von Arbeits- zu Freizeit stark unterscheiden können. Der von einer kleinen Gruppe ermittelte Gebrauchswert eines Gegenstandes wird den tatsächlichen Gebrauchswert schon aus diesem Grunde nur näherungsweise widerspiegeln können.

Da die Bedürfnisse außerdem – wie gesagt – nicht starr sind, sondern wachsen und sich wandeln, sind die erhaltenen Ergebnisse jeweils nur unter den Gesichtspunkten und Randbedingungen ihrer Erarbeitung verwertbar und nicht beliebig verallgemeinerungsfähig. Der Gebrauchswert ist also keine eindeutige, statische Größe – diese Tatsache müssen Prüfer, Warenkundler, Ökonomen und andere, die den Begriff oder den zahlenmäßigen Ausdruck für den Gebrauchswert eines bestimmten Erzeugnisses nutzen, einfach zur Kenntnis nehmen; dies begründet zugleich die Vorbehalte von Naturwissenschaftlern und Technikern gegenüber diesem Vorhaben.

Das Problematischste ist wohl die Methodik zum richtigen Verknüpfen der Einzelinformationen über das qualitative Niveau und die Bedeutung der verschiedenen Gebrauchseigenschaften zu einer den Gebrauchswert charakterisierenden Zahl. Dabei zeigt sich, daß das Beurteilen des Qualitätsniveaus einer Gebrauchseigenschaft nicht absolut möglich ist, sondern immer nur relativ im Vergleich zu anderen Produkten. Im allgemeinen wird heute der Vergleich mit einem Spitzenprodukt gefordert – aber wer kann von sich mit Sicherheit behaupten, daß er das Spitzenprodukt wirklich kennt und – vor allem – eindeutig beschreiben kann? Selbst dem Textilfachmann fällt es z. B. noch immer schwer zu begründen, warum Baumwolle und Wolle ein günstigeres Trageverhalten als Synthesefaserstoffe bewirken und in welchem Maße dafür polymerimmanente oder gestaltungsbedingte Faktoren verantwortlich zu machen sind. Trotz der vorhandenen und bekannten Probleme sind die Bemühungen um eine bestmögliche Verknüpfung von qualitativem Niveau und Bedeutung der einzelnen Gebrauchseigenschaften zu einer Zahl für den Gebrauchswert groß. Vielfach begegnet man der Vorstellung, daß es möglich sein muß, ein Rechenschema zu entwickeln, das zwangsläufig zum richtigen Ergebnis führen muß. Je mehr man sich aber fach- und sachkundig mit dieser Aufgabenstellung auseinandersetzt, um so mehr erkennt man, daß dies eine Idealvorstellung ist. Ich halte es für unbedingt notwendig, an dieser Stelle zu betonen, daß die Darstellung des Gebrauchswertes in einer einzigen Zahl von vornherein außerordentlich kompliziert ist und sich wohl auch zukünftig nicht voll befriedigend lösen läßt. Gerade deshalb sind Wissenschaftler, die die Textilprüfung exakt betreiben, für solche Vorhaben schwer zu gewinnen. Bereits H. Böhringer und H. Sommer haben vor etwa 25 Jahren bei der geforderten Gewichtigkeitseinschätzung von diversen Eigenschaften wichtiger Textilsortimente gepaßt, während jüngere Kollegen und Anfänger dieses Wissensgebietes, aber auch die Außenstehenden weniger Hemmungen hatten. Heute ist diesbezüglich die Situation nicht viel anders.

Im zweiten Teil meines Vortrages möchte ich mich mit der für den Bereich des Ministeriums für Leichtindustrie verbindlichen Rahmenmethodik zur Bestimmung des komplexen Bewertungsfaktors für den Gebrauchswert der Erzeugnisse befassen und dabei auftretende Probleme im Detail behandeln, wobei sich eine Gliederung in 8 Arbeitsschritte anbietet.

1. Arbeitsschritt: Ermitteln der erforderlichen *Funktionen des Erzeugnisses* für alle Gebrauchsphasen, nämlich

- Benutzen (bei Zwischenprodukten: Verarbeiten)
- Pflegen
- Lagern

sowie *aller* zur Erzielung dieser Funktionen erforderlichen Gebrauchseigenschaften. Zunächst sind also alle für den Anwender bzw. Verbraucher nützlichen Eigenschaften zu erfassen, unabhängig von ihrer Wichtigkeit für die Gesamtaussage.

Außerdem ist darauf zu achten, daß jede *Gebrauchseigenschaft einzeln* erfaßt wird, weil im Falle der Gruppenbildung bei den folgenden Arbeitsschritten Probleme auftreten, d.h. also z. B. nicht:
Farbechtheit als Komplex, sondern (je nach den spezifischen Erfordernissen des Erzeugnisses):

Lichtechtheit Schweißechtheit Waschechtheit Reibechtheit	der Farbe

$$F_k = \sum_{i=1}^{5} w_i \cdot q_i$$

Stufe A: $F_k > 0{,}68$
Stufe B: $F_k > 1{,}07$

Lfd. Nr.	Gebrauchseigenschaft Prüfmerkmal	Dim.	w_i	Forderung x_{if}	q_i
1	Abrieblaufstrecke	10^3 km	0,52	>17,8	x_i/x_{if}
2	Rollwiderstand		0,20	<0,02067	$1 + \frac{x_{if} - x_i}{x_{if}}$
3	Zuverlässigkeit	%	0,14	>98	x_i/x_{if}
4	Federsteife	kp/cm	0,14	<203	$1 + \frac{x_{if} - x_i}{x_{if}}$
5	Bremsverzögerung, naß	m/s²	noch nicht standardisiert		x_i/x_{if}

Abb. 1 Komplexer Bewertungsfaktor für GW von Pkw-Reifen nach TGL 32773

$$F_k = \sum_{i=1}^{4} w_i \cdot x_i$$

Lfd. Nr.	Gebrauchseigenschaft	w_i	x_i	$w_i \cdot x_{i,\max}$	$w_i \cdot x_i$
1	Geschmack	10	0...5 Punkte	50	
2	Konsistenz	4		20	
3	Farbe	4		20	
4	Geruch	2		10	
			Summe:	100	<100

Abb. 2 Komplexe sensorische Bewertung von Brühwurst

Im Vergleich zu Maschinen, Geräten und Anlagen, wo sich die Gebrauchswertquantifizierung auf relativ wenige, eindeutig definierbare Größen wie Leistung pro Zeiteinheit, Energiebedarf, Bedienaufwand, Nutzungsdauer und Masse stützen kann, Reifen für Personenkraftwagen (Abb. 1, [13]) oder auch Brühwurst (Abb. 2, [14]) – um einige Beispiele aus verschiedenen Bereichen zu nennen –, müssen bei der Gebrauchswertquantifizierung von Bekleidungstextilien bedeutend mehr Schwierigkeiten überwunden werden. Auf jeden Fall kommt man bei der Charakterisierung des Gebrauchswertes von Bekleidungstextilien nicht mit maximal 10 Eigenschaften aus, wie es entsprechende Arbeitsvorschriften im Maschinenbau vorsehen.

Aus der Sicht des Konsumenten gehören zum Gebrauchswert von Bekleidungstextilien

- eine Anzahl von Eigenschaften, die beim Erwerb des Bekleidungsstücks vorhanden sein müssen, um die *Eignung* für den vorgesehenen Verwendungszweck zu gewährleisten,
- Eigenschaften, die die *Beständigkeit* dieser Eigenschaften während der gesamten Benutzungsdauer – einschließlich Pflege und Lagerung – gewährleisten, sowie die
- *Rückgewinnbarkeit* bestimmter Eigenschaften durch geeignete Pflegearbeiten.

Gegebenenfalls ist es notwendig, beim Bestimmen der Funktionen des Erzeugnisses neben dem Verwendungszweck spezielle *Verbrauchergruppen* zu berücksichtigen, die durch gemeinsame Merkmale bezüglich Alter, Geschlecht, Einkommen, territorialer Lage im Falle des Exports u. a. gekennzeichnet sind (z. B. Jugendmode, Exquisitkleidung).

Für die Beurteilung des Gebrauchswertes von *Zwischenprodukten* sind sowohl die vom Konsumenten geforderten Eigenschaften zu erfassen, die vom Verarbeiter nicht mehr beeinflußt werden können – beispielsweise faserstoffimmanente Eigenschaften, Farbe, Flächengebildekonstruktion, Musterung – als auch die Verarbeitungseigenschaften, da in diesem Falle ja der Weiterverarbeiter als Anwender auftritt.

Abbildung 3 vermittelt am Beispiel eines Oberbekleidungsstoffes einen groben Einblick, wie groß die Zahl der zu beachtenden Gebrauchseigenschaften werden kann. Dabei wurde der Übersicht wegen auf die Nennung der erforderlichen Verarbeitungseigenschaften verzichtet. Bei einem Konfektionserzeugnis würde die Zahl der den ästhetischen Gesamteindruck bestimmenden Eigenschaften noch zu erweitern sein, nämlich interessieren

außer optischem Bild des Flächengebildes, gekennzeichnet durch die Abstimmung von Stoffkonstruktion, Farbe und Dessin auf Verwendungszweck und Verbrauchergruppe

noch Außenausstattung, d.h. Einsatz modischer Details und Accessoires, Innenausstattung, d.h. Abstimmung der Zutaten auf den Oberstoff, Art der Abfütterung, Anzahl und Ausführung der Taschen, Paßform (d.h. Einhaltung

Warencharakter	Trageverhalten	Pflegeverhalten	Strapazierfähigkeit
Musterung	Wärmeleitwiderstand	Waschknitterung	Flächenscheuerbest.
Farbgebung	Luftdurchlässigkeit	Waschschrumpf	Kantenscheuerbest.
Oberflächengestaltung	Benetzbarkeit	Schmutzauswaschbarkeit	Pillneigung
Griff	Kapillartransport	Beständigkeit von Veredlungseffekten	Fadenzugempfindlichkeit
Fall	Wasserdampfdiff.-wid.	Trocknungsgeschwindigkeit	Knitterneigung
Transparenz	Feuchteaufnahme		Faltenbeständigkeit
	Weichheit		Elastizität
	Leichtigkeit		Anschmutzverhalten
	Fülligkeit		Farbechtheiten
	Dehnbarkeit		Ein- und Weiterreißfestigkeit
	elektrostatische Aufladbarkeit		
	el. Leitfähigkeit		

Abb. 3 Den Gebrauchswert eines Oberbekleidungsstoffes bestimmende Gebrauchseigenschaften

der Maßorientierungstabellen) und konstruktive Umsetzung der Modelinie in der Gesamtgestaltung.

2. *Arbeitsschritt:* Wichten der Gebrauchseigenschaften bezüglich ihrer Bedeutung für den Gebrauchswert des betreffenden Erzeugnisses unter Beachtung des vorgesehenen Einsatzes.

Bei diesem Arbeitsschritt muß allein die qualitative Seite jeder Gebrauchseigenschaft betrachtet werden, während die quantitativen Anforderungen an das betreffende Qualitätsniveau unberücksichtigt bleiben.

Dieser Arbeitsschritt erfordert die Befragung mehrerer Personen, um zu einer brauchbaren Durchschnittsaussage zu kommen. Dabei sollte man neben Fachleuten auch Laien in die Befragung einbeziehen, um zu gewährleisten, daß man tatsächlich die Vorstellungen der künftigen Konsumenten erfaßt. Bezüglich der *Anzahl der zu befragenden Personen* für eine repräsentative Aussage wurde von Psychologen folgender Richtwert ermittelt:

Mindestanzahl: 13 Personen
maximal notwendig: 20 Personen

Nach der von P. Hempel [15] vorgeschlagenen und in der Rahmenrichtlinie des Ministeriums für Leichtindustrie verankerten Wichtungsmethodik erfolgt in einem ersten Arbeitsschritt zunächst das Zusammenfassen der ermittelten wesentlichen Gebrauchsanforderungen in 3 Gruppen jeweils danach, ob diese Eigenschaft für den Gebrauchswert des Erzeugnisses

1 = weniger wichtig
2 = wichtig
3 = sehr wichtig

ist. In einem 2. Schritt werden die einzelnen Gebrauchseigenschaften innerhalb der entstandenen 3 Gruppen nochmals nach den gleichen Kriterien gewichtet. Jede Gebrauchseigenschaft erhält durch diese zweifache Wichtung eine zweistellige Kennziffer, der gemäß folgendem Schema 0...8 Wichtungspunkte zugeordnet werden:

Einstufung:	3.3	3.2	3.1	2.3	2.2	2.1	1.3	1.2	1.1
Wichtungspunkte:	8	7	6	5	4	3	2	1	0

Erfahrungsgemäß laufen die Aussagen einzelner Personen zur Wichtigkeit bestimmter Eigenschaften stark auseinander, wobei häufig die Streuung der Aussagen so groß ist, daß man annehmen muß, es liegen prinzipiell unterschiedliche Einsatzvorstellungen und Anforderungsbilder bei den einschätzenden Personen vor, daß also die Aussagen nicht einer Grundgesamtheit angehören und somit entsprechend den Gesetzen der Statistik die Mittelwertbildung unzulässig ist. Ist die Differenz der maximalen und minimalen Wichtungspunktzahl ≥ 3, muß sich das Beurteilerkollektiv in einer gemeinsamen Beratung erst einmal einen einheitlichen Betrachtungsstandpunkt für die Einzeleinschätzung erarbeiten. Hierbei ist natürlich die Gefahr der Manipulation zugunsten irgendeines Interessenten besonders groß. Zugleich bedeutet das jedoch, daß man praktisch auf einen „Durchschnittsverbraucher" normierte Einzelaussagen erhält, die mit den Vorstellungen des realen Verbrauchers nicht unbedingt übereinstimmen. Aus den mittleren Wichtungspunktzahlen $\overline{W}_i$ aller Experteneinschätzungen für jede Gebrauchseigenschaft kann ein Wichtungsfaktor errechnet werden:

$$w_i = \frac{\overline{W}_i}{8}$$

Damit hat man zwar eine Anzahl von Zahlen, mit denen man weiter rechnen kann, aber wie problematisch ist der Inhalt dieser Zahlen! Dies darf bis zum Schluß der Arbeit nicht in Vergessenheit geraten!

Abbildung 4 zeigt das an einem vereinfachten Beispiel, bei dem von 6 Personen lediglich die für das Trageverhalten eines Wintermantels in Betracht kommenden 11 bekleidungshygienisch bedeutsamen Eigenschaften gewichtet werden sollten. Es leuchtet sicher ein, daß bei Einbeziehung der die Ästhetik, die Pflege und die Strapazierfähigkeit betreffenden Merkmale die Differenzen noch größer werden.

3. Arbeitsschritt: Auswahl der wesentlichen Gebrauchseigenschaften

Im allgemeinen ist es aus ökonomischen Gründen notwendig, die Zahl der in die Prüfung einzubeziehenden Gebrauchseigenschaften zu begrenzen, sich also auf die Analyse der wesentlichsten Gebrauchseigenschaften zu beschränken. Dadurch wird der Genauigkeitsgrad der Endaussage beeinflußt, so daß

Gebrauchseigenschaft	W_i der AG-Mitglieder 1	2	3	4	5	6	$W_{i,\max} - W_{i\,\min}$	$-\overline{W}_i$	w_i
Wärmeisolation	8	8	8	8	8	6	2	7,7	0,96
Luftdurchlässigkeit	8	8	8	8	8	8	0	8,0	1,00
Feuchtetransp., dampff.	5	3	1	4	4	0	5	2,8	0,88
Feuchtetransp., flüssig	0	0	0	0	0	0	0	0	0
Feuchteaufnahme, dampff.	1	2	1	2	3	1	2	1,7	0,21
Feuchteaufnahme, flüssig	0	0	1	0	0	0	1	0,2	0,02
Feuchteabweisung	6	8	7	6	8	7	2	7,0	0,88
Trocknungsverhalten	3	0	8	7	2	3	8	3,8	0,48
Antistatikverhalten	0	6	4	3	7	0	7	3,3	0,41
Hautkontaktverhalten	0	2	0	5	2	5	5	2,3	0,29
Gewicht	5	0	8	4	7	4	8	4,7	0,59

Abb. 4 Wichten der bekleidungshygienisch bedeutsamen GE eines Wintermantels

die Zahl der möglichen Abstriche von der Bedeutsamkeit der Aufgabenstellung abhängig ist. Die sog. „unwesentlichen" Gebrauchseigenschaften fallen dann aus den weiteren Betrachtungen vollständig heraus; natürlich darf das keine Gebrauchseigenschaft betreffen, bei der ein zu forderndes Mindestqualitätsniveau gemäß der Funktion des Erzeugnisses nicht unterschritten werden darf.

4. Arbeitsschritt: Festlegungen der Prüfmerkmale für die ausgewählten wesentlichen Gebrauchseigenschaften

Für das Prüfen kommen in Betracht:

Messen,
Benoten an Hand von Etalons,
Beurteilen durch Experten,

wobei die Prüfungen

vor jeder Beanspruchung (Ausgangszustand),
nach apparativer Beanspruchung,
nach praktischer Beanspruchung

vorgenommen werden können, so daß sich 9 Prüfvarianten ergeben. Im Prinzip ist diese Aufgabe klar und eindeutig, aber welche Problematik steht auch hier dahinter! Spätestens an dieser Stelle wird klar, wie groß die Zahl der Erkenntnislücken bez. der Zusammenhänge zwischen den einzelnen Gebrauchseigenschaften und den entsprechenden Prüfmerkmalen noch ist.

Nehmen wir als Beispiel die Eigenschaft „antistatisch":

Zur Verfügung stehen im Prinzip 5 Prüfmethoden:

- Messen der elektrostatischen Erregbarkeit,
- Messen des elektrischen Widerstandes,
- Messen der für die Ableitung der Ladung erforderlichen Zeit (Clingtest: Klebzeit beim Reibtest),

- simulierte Gebrauchsbeanspruchungen unter definierten Umweltbedingungen (Probandentests),
- praktische Testung (Trageversuch).

Bei diesem Arbeitsschritt sind durch die Expertengruppe folgende Fragen zu beantworten:

- Welches Merkmal charakterisiert die Eigenschaft „antistatisch" eindeutig?
- Durch welche Prüfbedingungen können die Gebrauchsbeanspruchungen am besten simuliert werden (Luftfeuchte, Reibmaterialien)?
- Können diese Prüfbedingungen im Labor reproduzierbar gestaltet werden, damit zu verschiedenen Zeiten vergleichbare und verläßliche Werte anfallen?
- Welche Vorbehandlungsbedingungen gewährleisten einen definierten, mit der Praxis vergleichbaren Ausgangszustand der Prüflinge bei der Prüfung (Waschvorschrift zur Entfernung von Präparationen u. dgl., Einfluß des Waschmittels und der Waschbedingungen auf die Prüfergebnisse)?
- Welche Beanspruchungsbedingungen sind für die Prüfung der Permanenz den Beanspruchungen im praktischen Gebrauch am ähnlichsten?
- Wie ist der tendenzielle Verlauf des Eigenschaftsverfalls mit der Beanspruchungsdauer im Zusammenhang mit dem moralischen und physischen Verschleiß bei anderen Gebrauchseigenschaften zu bewerten?

Das sind die Fragen und Probleme, die bei nur *einer* Gebrauchseigenschaft auftreten. Sie sind bei den übrigen Gebrauchseigenschaften in ähnlicher Zahl und mit ähnlichem Schwierigkeitsgrad zu erwarten. Häufig fehlen noch geeignete Meßmethoden oder Richtlinien zur Benotung an Hand von Etalons. In diesen Fällen kann man zwar versuchen, die Lücke durch Expertenurteile zu schließen. Im Interesse einer zunehmenden Objektivierung der Gesamtaussage ist es jedoch unabdingbar, daß zukünftig neue oder geeignetere Meß- und Benotungsmethoden ausgearbeitet werden, damit Widersprüche zwischen prüftechnisch ausgewiesener Qualität und der im praktischen Gebrauch tatsächlich vorhandenen und nutzbaren Qualität möglichst vermieden, zumindest aber systematisch abgebaut werden.

5. Arbeitsschritt: Bestimmen der quantitativen Anforderungen an die ausgewählten wesentlichen Gebrauchseigenschaften

„Um ein Modell von der Qualität zu schaffen, ist es notwendig, nicht nur wesentliche Eigenschaften auszuwählen und ihren spezifischen Anteil an der Gesamtqualität zu bestimmen, sondern auch die rationalen Grenzen von minimalen und maximalen Werten für die einzelnen Eigenschaften zu ermitteln" [16]. Dabei bedeutet:

x_1 *unterer Grenzwert* des Anforderungsbereiches, d.h. Mindestanforderung an die Gebrauchseigenschaft, damit die erforderliche Funktion des Erzeugnisses – wenn auch mit Mängeln – gesichert ist,
in der Regel ist x_1 identisch mit den in den Standards enthaltenen Werten;

x_2 *oberer Grenzwert* des Anforderungsbereiches, d.h. als gesellschaftlich notwendig bzw. erstrebenswert erkannter bester Wert bekannter analoger Erzeugnisse, im Fall der Erarbeitung von Vorgaben für Forschung und Entwicklung entspricht x_2 den aus Trendanalysen abgeleiteten fortgsschrittenen internationalen Stand zum Zeitpunkt der Einführung des neuen Erzeugnisses in die Produktion.

Bei Textilien sind Minimal- und Maximalforderung häufig nicht bekannt oder verwendete Werte sind unsicher. Keinesfalls dürfen jedoch übertriebene Qualitätsanforderungen gestellt werden. Stets ist nach dem Grundsatz vorzugehen: „nicht so gut wie technisch möglich, sondern so gut wie volkswirtschaftlich notwendig" [17]; das bedeutet, die Qualitätsziele aus den Anforderungen der Anwendungsgebiete wissenschaftlich begründet abzuleiten und verbindlich festzulegen. Die damit verbundenen Probleme bezüglich der Sicherheit der getroffenen Aussagen stehen wiederum mit der erforderlichen Normierung der Randbedingungen im Zusammenhang; einen Einblick soll das in Abb. 5 wiedergegebene Beispiel der notwendigen Normierungen vermitteln, um allein die Anforderungsgrenzwerte für die Luftdurchlässigkeit und die Wärmeisolation eines Wintermantels zu berechnen [18].

Person	Körpermasse	kg	65
	Körperoberfläche	m^2	1,8 ± 0,09
meteorologische	Umgebungstemperatur	°C	−1 ± 5
Bedingungen	WD-Partialdruck/Umgeb.	mm Hg	3,7 ± 1,3
	Windgeschwindigkeit	m/s	2
Leistungsphysiolog.	Energieumsatz	W	210 ± 10,5
Bedingungen	Wärmetransport/Atmung	W	31 ± 4
	Hauttemperatur	°C	32 ± 0,4
	WD-Partialdruck/Haut	mm Hg	35,7 ± 0,4
Feuchteregulator.	Hautbenetzungsfaktor		0,15
Eig. des Bekl.-Systems	Feuchtedurchgangsindex		0,45

Abb. 5 Normierung der Randbedingungen zur Berechnung des Anforderungsbereiches für Wärmeisolation und Luftdurchlässigkeit eines Wintermantels

Kommen wir nochmals auf das Beispiel „Antistatik" zurück, um die Problematik etwas näher zu kennzeichnen.

Die Anforderungen an Bekleidungstextilien hinsichtlich Antistatik können nach zwei Gesichtspunkten formuliert werden:

- Die Maximalforderung würde lauten, daß beim Tragen der betrachteten Bekleidungstextilien niemals Beeinträchtigungen oder nachteilige Effekte auftreten dürfen,
- die Minimalforderung würde lauten, daß die antistatischen Eigenschaften neuer oder weiterentwickelter Bekleidungstextilien signifikant besser als

die vergleichbarer Erzeugnisse mit offensichtlich unbefriedigendem Verhalten sein müssen. In diesem Falle muß mit gelegentlichen Beeinträchtigungen bei ungünstigen Tragebedingungen gerechnet werden.

Bezüglich des Anforderungsbereiches für den elektrischen Widerstand scheint in den letzten Jahren eine gewisse Klärung zustande gekommen zu sein [19]:
Maximalforderung: $\varrho_A = 5 \cdot 10^{11}\,\Omega$ bei 22°C und 30% rel. Luftfeuchte,
Minimalforderung: $\varrho_A = 10^{13}\,\Omega$ bei 22°C und 30% rel. Luftfeuchte.

Wenn dieser Widerstandsgrenzwert nicht erreicht oder unterschritten wird, gilt ein textiles Flächengebilde nach dem augenblicklichen Erkenntnisstand auch dann noch als antistatisch, wenn die Klebezeit beim Reibtest im gleichen Klimazustand den Grenzwert $t = 300$ s unterschreitet.

Dieser eine Sachverhalt scheint also hinreichend geklärt zu sein. Bei vielen anderen Eigenschaften – z. B. bekleidungshygienischen Eigenschaften – bleiben noch Fragen offen. Die zum Aufdecken von Zusammenhängen zwischen bekleidungshygienisch wichtigen textilphysikalischen Eigenschaften und konstruktiv bedingten Beschaffenheitsmerkmalen von Gewirken und Gestricken in verschiedenen Forschungseinrichtungen der DDR laufenden Arbeiten haben zu Prüfverfahren und Prüfaussagen geführt, die physikalisch übersehbar und im Zusammenhang mit bekleidungshygienischen Fragen grundlegend sind. Bisher ist es aber nicht gelungen, die vom Verbraucher herzuleitenden Forderungen klar genug zu formulieren, um durch Vergleich mit den entwickelten Prüfverfahren deren Eignung für objektive Qualitätsbeurteilungen zu beweisen. Um diese offenen Fragen beantworten zu können, müssen schrittweise folgende Teilaufgaben gelöst werden:

- Aufklärung der grundlegenden, bekleidungshygienisch bedeutsamen Eigenschaften von Faserstoffen,
- Aufklärung der grundlegenden, bekleidungshygienisch bedeutsamen Eigenschaften von textilen Flächengebilden unter besonderer Berücksichtigung der Flächengebildekonstruktion,
- Herausarbeitung von Korrelationen zwischen den an Faserstoffen und an Flächengebilden ermittelten Parametern und den Ergebnissen von Trageversuchen und Probandentests.

Auf die Problematik der richtigen Beurteilung des Design möchte ich hier gar nicht eingehen.

6. Arbeitsschritt: Prüfen der n wesentlichen Gebrauchseigenschaften bei den zu betrachtenden Erzeugnissen

Dadurch gelangt man zu Prüfwerten x_i für die n Gebrauchseigenschaften – bzw. zu Mittelwerten $\bar{x}_i$. Dabei handelt es sich um Meßwerte oder Noten.

Man sollte meinen, daß bei diesem Arbeitsschritt keine neuen Probleme auftreten dürften. In der Praxis tauchen aber doch Probleme auf, wie die unterschiedlichen Ergebnisse von nach einheitlicher Vorschrift durchgeführten

Ringtests immer wieder beweisen. Diese Ursachen von Abweichungen können sehr unterschiedlich sein und enthalten objektive und subjektive Faktoren.

7. *Arbeitsschritt:* Bewerten der erhaltenen Prüfwerte

Das Zusammenfassen dieser n Prüfwerte zu einer den Gebrauchswert charakterisierenden Zahl erfordert eine Bewertung des qualitativen Niveaus jeder Gebrauchseigenschaft bezüglich des Grades der Erfüllung der gestellten Anforderung. Dabei werden zugleich die meist dimensionsbehafteten Prüfergebnisse in dimensionslose bewertende Größen ($0 \leq y_i \leq 1$) umgewandelt. In der dimensionslosen Darstellung entspricht

$y = 1$: als gesellschaftlich notwendig erkannte obere Anforderungsgrenze erreicht

$y = 0$: Mindestanforderung erreicht

$y < 0$: Mindestanforderung nicht erreicht.
Das Erzeugnis muß verworfen werden, die Berechnung des komplexen Bewertungsfaktors für den Gebrauchswert des Erzeugnisses ist nicht zulässig, weil das Erzeugnis die betreffende Funktion nicht erfüllen kann.

Für diese Umwandlung ist eigentlich die Kenntnis des funktionellen Zusammenhangs zwischen den Prüfwerten x_i und den bewertenden Größen y_i notwendig. Praktisch wird dieser Aufwand nicht betrieben werden können und ein linearer Zusammenhang angenommen. Wie groß der resultierende Fehler ist oder sein kann, wird in der Praxis im allgemeinen nicht ermittelt.

8. *Arbeitsschritt:* Berechnen des komplexen Bewertungsfaktors F_k für den Gebrauchswert des Erzeugnisses

Die den Gebrauchswert charakterisierende Zahl F_k errechnet sich aus den einzelnen Aussagen über das Qualitätsniveau der einzelnen Gebrauchseigenschaften (y_i) unter Beachtung der Wichtungsfaktoren (w_i):

$$F_k = \sum_{i=1}^{n} y_i \cdot w_i$$

Ein ideales Spitzenerzeugnis würde bei jeder wesentlichen Gebrauchseigenschaft den als gesellschaftlich notwendig erkannten besten Wert (d.h. $y = 1$) erreichen; folglich:

$$F_k^* = \sum_{i=1}^{n} w_i$$

Durch den Vortrag ist sicher hinreichend klar geworden, wie kompliziert die Gebrauchswertquantifizierung bei Textilien – speziell Bekleidungserzeugnissen – ist. Ob die Aufgabe überhaupt befriedigend lösbar ist, wird die Zukunft zeigen. Zumindest kann man schon heute feststellen, daß es bei Bekleidungstextilien kein einfaches mathematisches Modell geben wird, bei dem man jeweils für das konkrete Objekt nur einzelne Koeffizienten neu bestimmen muß.

In engem Zusammenhang damit steht die Frage nach der Nützlichkeit der Bestimmung einer „Gebrauchswert-Zahl" überhaupt. Unbedingt ist davor zu warnen, mit dieser Zahl, die eine komplexe Aussage enthält und physikalisch nicht definiert werden kann, global zu arbeiten. Bei der Ableitung von Aufgaben und Zielstellungen für Wissenschaft und Technik ist es unerläßlich, die Einzelaussagen, die zur Gesamtaussage über den Gebrauchswert geführt haben, auch im einzelnen zu betrachten. Das bedeutet, sich mit den für den Gebrauchswert wichtigsten Gebrauchseigenschaften zu befassen, speziell mit denjenigen, bei denen der größte Nachholebedarf im Zusammenhang mit der Bedürfnisbefriedigung besteht (Analyse der Schwachstellen). Darauf die Kräfte zu konzentrieren, um Ursache–Wirkungs–Beziehungen zu erkennen und die Produkteigenschaften optimal zu gestalten – darin besteht letztlich die Nützlichkeit der Gebrauchswertbetrachtungen für Forschung und Technik.

Literatur

[1] Stoll, R.: Über die Qualitätsbestimmung von Textilfaserstoffen und die ursächlichen Zusammenhänge von Gewebe-, Garn- und Fasereigenschaften. Melliand Textilber. **21** (1940), S. 270–277, 331–337.

[2] Stoll, R.: Qualitätsprüfung, die Grundlage für die Gebrauchswertverbesserung unserer Textilstoffe. Melliand Textilber. **24** (1943), S. 211–215.

[3] Sommer, H.: Textilprüfung auf neuen Wegen. Rdsch. techn. Arb. 40/30.9.36, Spinner und Weber **55** (1937), H. 7, S. 1.

[4] Sommer, H.: Grundlagen der Normung von Textilprüfverfahren. Melliand Textilber. **18** (1937), S. 206–208, 284–287, 350–351.

[5] Weltzien, W., Pyhrr, E., Faust, C.: Der Bau der Kunstseiden und Zellwollen und ihre textilen Eigenschaften. 5. Mitt. zur Beurteilung des Gebrauchswertes. Zellwolle, Kunstseide, Seide **46** (1941), S. 287–297.

[6] Böhringer, H.: Über die Gütebeurteilung von Textilien. Textil-Praxis **6** (1951), S. 12–16.

[7] Böhringer, H.: Gebrauchswertoptimale Erspinnung von Chemiefasern. Akademie-Verlag, Berlin 1957.

[8] Zerewitinow, B. F.: Zur Pflege der Warenkunde in der UdSSR und zur Entwicklung der Theorie des Gebrauchswertes und der Qualität der Industriewaren. Vortrag auf der Wiss. Konferenz „Neue Problemstellungen auf dem Gebiet der Warenkunde und ihre Bedeutung für die Forschung, Lehre und Praxis." 20.–22. 9. 78 in Leipzig.

[9] Kelm, M.: Die Gestaltung als Qualitätskriterium. – Vortrag auf Wiss. Konferenz s. [8].

[10] Heinz, O.: Betrachtungen zu Gebrauchseigenschaften und Gebrauchswert von Erzeugnissen. Die Technik **29** (1974) 12, S. 775–777.

[11] Engels, F.: Umrisse zu einer Kritik der Nationalökonomie, in: Marx-Engels-Werke, Band 1, Dietz-Verlag, Berlin 1957, S. 506.

[12] Sommer, H., Winkler, F.: Die Prüfung von Textilien. 5. Band in: Handbuch der Werkstoffprüfung. 2. Aufl. Herausgeg. von E. Siebel. Springer-Verlag, Berlin-Göttingen-Heidelberg 1960, S. 1009.

[13] TGL 32773, Reifen für Personenkraftwagen, Technische Forderungen.
[14] Kochan, A.: Erfahrungen zur Qualitätssicherung in der Lebensmittelindustrie. Wiss. Techn. Univers. Dresden **25** (1976) H. 5/6, S. 1137–1141.
[15] Hempel, P.: Zur Quantifizierung der Qualität von Textilien. Formeln, Faserstoffe, Fertigware. Nr. 2/1972, S. 12–31.
[16] Shigur, H. I.: Die Modellierung der Gebrauchswerte von Lebensmitteln, dargestellt am Beispiel von Schwarzbrot. Kurzreferat zum vorgesehenen Vortrag auf Wiss. Konferenz s. [8].
[17] Merbach, H.: Materialökonomie, Erzeugnisqualität und Standardisierung. Abhandlungen der AdW der DDR, Veröff. der Wissenschaftlichen Räte W 4/1976 „Materialökonomie, Energie- und Rohstoffwirtschaft", Akademie-Verlag, Berlin 1976, S. 59–60.
[18] Forschungsbericht des VEB Rationalisierung der Konfektion 1978, unveröffentlicht.
[19] Martin, H., Kretzschmar, B.: Erfahrungen und Ergebnisse bei der Prüfung elektrostatischer Eigenschaften von Bekleidungstextilien. Textiltechnik **28** (1978) S. 108–113.

FSC
www.fsc.org
MIX
Papier | Fördert gute Waldnutzung
FSC® C083411

Kolibri 360 GmbH
Ferdinand-Jühlke-Straße 7
99095 Erfurt, Deutschland
produktsicherheit@kolibri360.de